AF340197

# NOTICE SUR DELIOUX DE SAVIGNAC

## LUE A LA SOCIÉTÉ DE THÉRAPEUTIQUE

### DANS LA SÉANCE DU 25 OCTOBRE 1876

PAR

**le docteur CONSTANTIN PAUL**

Secrétaire général.

MESSIEURS,

Depuis notre dernière réunion, la Société de thérapeutique a eu le malheur de perdre un de ses travailleurs les plus instruits et les plus actifs, un de ses membres fondateurs devenu plus tard l'un de nos présidents, le docteur Delioux de Savignac.

La Société de thérapeutique ne voudra certainement pas se séparer de cet excellent collègue sans lui laisser un témoignage de son estime et de son affection. C'est pour prévenir cette pensée que j'ai recueilli sur la carrière de notre regretté collègue les documents qui suivent. Ils nous permettent d'apprécier dans son ensemble toute la série de ses nombreux travaux, qui ont été consacrés presque exclusivement à la matière médicale et à la thérapeutique.

Joseph-François-Jacques-Augustin Delioux de Savignac est né à Paimpol, dans le département des Côtes-du-Nord, le 5 octobre 1812.

Né et élevé sur le bord de la mer, il conçut de bonne heure, comme beaucoup de ses compatriotes, le désir d'entrer dans la marine française. Dès l'âge de seize ans, avant même que ses études classiques fussent terminées, il se fit admettre dans les bureaux du commissariat du port de Lorient, comme écrivain de marine, le 13 octobre 1828. Une fois dans cette place, il continua néanmoins ses études et, l'année suivante, le 15 septembre 1829, il se faisait recevoir bachelier ès lettres.

Il se crut même un instant une vocation pour les lettres et

publia un volume de poésies. Tous les jeunes gens d'alors faisaient des vers. Mais il reconnut bientôt qu'il faisait fausse route, que ses aptitudes étaient ailleurs et il se mit à étudier la médecine tout en remplissant ses fonctions administratives.

Au bout de deux ans, il se présenta au concours établi pour la nomination des chirurgiens de troisième classe. Ses épreuves furent satisfaisantes et bientôt il put donner sa démission d'écrivain de la marine le 3 décembre 1831 pour entrer le 1er janvier suivant dans le corps médical de la marine avec le titre de chirurgien de 3e classe.

Dès ce moment, commença pour Delioux de Savignac une nouvelle existence qui devait le retenir sur mer pendant près de douze ans. En effet, il y avait, au plus, quatre mois qu'il était nommé qu'il fut embarqué sur la corvette *l'Héroïne* pour un voyage sur les côtes de Portugal, qui dura quinze mois. Au bout de ce temps, il revint au port de Brest reprendre ses études interrompues, mais il était resté à peine quelques mois à travailler, qu'il fut envoyé au port de Toulon et embarqué immédiatement. Ce nouveau voyage, accompli d'abord sur la frégate *l'Artémise*, puis sur la corvette *la Marne*, dura près de deux ans et lui fit connaître toute la Méditerranée.

Il revint encore au port de Brest pour quelques mois, puis partit pour les Antilles sur la corvette *la Nièvre*, qui l'emmena jusqu'en Laponie et au Spitzberg. A son retour il eut la satisfaction d'être nommé médecin de deuxième classe, le 27 juin 1837.

A peine entré dans les fonctions de son nouveau grade, il fit un nouveau voyage de quinze mois aux Antilles sur la gabarre *la Recherche*. Aussitôt après son retour, il fut de nouveau embarqué sur *le Griffon* et alla participer à notre première expédition contre le Mexique, du 27 janvier au 13 septembre 1839, après quoi il fit encore presque sans interruption deux nouveaux voyages aux Antilles.

Le 20 septembre 1840, Delioux de Savignac, alors âgé de vingt-huit ans, fut nommé chirurgien de première classe. Il fit en cette qualité un quatrième voyage aux Antilles, puis revint définitivement au port de Brest en 1843. Il avait navigué neuf années entières sur onze, et cette fois il avait terminé ses voyages.

Pendant les trois premières années de son séjour en France,

où il fut attaché au port de Brest, il se mit avec ardeur à l'achèvement de ses études médicales, et, le 17 septembre 1844, il recevait le titre de docteur en médecine. Deux ans plus tard, le 22 juin 1846, il était nommé médecin professeur à l'âge de trente-quatre ans et attaché à l'Ecole de médecine de Rochefort.

Dès lors, la carrière de Delioux de Savignac prenait une nouvelle phase tout à fait conforme à ses aptitudes. Il devenait sédentaire, pouvait se donner tout entier à la littérature médicale et à l'érudition, et depuis ce temps, il ne cessa d'écrire et devint un publiciste infatigable. Il commença à faire imprimer ses travaux dès 1846. Nous avons pour son début le discours qu'il prononça pour l'ouverture du cours de matières médicales à l'Ecole de Rochefort. Cette chaire était tout à fait dans ses goûts. Attiré, comme beaucoup des médecins de la marine, par l'étude de la matière médicale, il avait déjà pris pour sujet de sa thèse inaugurale à Montpellier, l'histoire naturelle de la nicotiane. Dans cette monographie, qui traite du tabac tant au point de vue de la botanique que de la chimie, de l'hygiène, de la thérapeutique et de la toxicologie, il signalait surtout l'analogie de propriétés que possède le tabac avec la belladone et la jusquiame, la possibilité de l'utiliser dans le traitement des coliques sèches, et enfin le danger de l'application des feuilles de tabac sur la peau et l'empoisonnement qui en résulte.

Devenu médecin professeur, Delioux de Savignac se consacra exclusivement à son enseignement, soit à Rochefort, soit à Brest, soit à Toulon, et pendant tout ce temps il dut enseigner successivement la matière médicale, la thérapeutique, la pathologie médicale, la pathologie et la thérapeutique générale, et enfin la clinique médicale.

Cependant, la thérapeutique et la matière médicale étaient surtout l'objet de ses études favorites. Pendant les vingt ans qu'il fut professeur, il publia, à notre connaissance, trente-quatre mémoires, dont nous donnons plus loin la liste, et qui portent presque tous sur la matière médicale et la thérapeutique. Nous signalerons en passant ceux qui ont trait au chloroforme, aux acides végétaux, à l'ipécacuanha, aux purgatifs salins, au tannate de quinine.

Il faut surtout citer les mémoires qui traitent de l'emploi du lavement iodé dans la dyssenterie, celui qui fait connaître un nouveau mode d'administration de la gomme ammoniaque, ceux qui portent sur les autres composés ammoniacaux et les nombreux fébrifuges succédanés au quinquina.

Mais nous devons nous arrêter tout particulièrement sur deux ouvrages plus importants. Le premier, paru en 1861, est intitulé : *Principes de la doctrine et de la méthode en médecine. Introduction à l'étude de la pathologie et de la thérapeutique.*

Ce volume, qui a près de 900 pages (Paris, V. Masson, 1861), est en somme un traité complet de pathologie générale. Delioux de Savignac avait voulu y résumer, sous une forme dogmatique, le résultat de ses études sur l'histoire de la médecine, et exposer les doctrines qu'il avait acceptées. On l'y retrouve en effet avec toutes ses qualités.

Lettré, érudit, grand liseur, il s'y montre au courant de la médecine traditionnelle; écrivain correct, souvent même élégant, il y décrit les affections morbides en homme qui comprend toute la précision que l'école organicienne a donnée aux descriptions des lésions des organes. A côté de cela, son esprit éclectique ne méconnaît pas les grandes influences qu'apportent l'hérédité et les diathèses, ainsi que l'évolution des maladies constitutionnelles qu'a si bien donnée l'école vitaliste. Son livre est un résumé des doctrines de son temps, on ne peut lui reprocher qu'un manque de puissance et de vigueur qui hiérarchise toutes ces acquisitions, règle leur importance et donne à l'œuvre un caractère franchement personnel et original. C'est moins un traité dogmatique, comme il le croyait, qu'une sorte de compendium qui fait cependant honneur au professeur et à l'écrivain.

Le second ouvrage renferme l'un des plus considérables travaux du docteur Delioux de Savignac : je veux parler du *Traité de la dysentérie*, volume de près de 600 pages (Paris, Masson, 1863), publié alors qu'il était professeur de clinique médicale à l'Ecole de médecine navale de Toulon et premier médecin en chef de la marine.

On comprend facilement qu'un médecin de la marine ait fait de l'étude de la dysentérie un sujet favori quand on songe que de toutes les maladies qui sévissent dans les pays chauds et par conséquent sur nos marins il n'y en a pas une qui fournisse une mortalité aussi considérable et qui se présente aussi fréquemment dans la pratique des médecins de la marine. Ajoutons que par la gravité habituelle de la maladie, sa longue durée, la facilité des rechutes et l'action si remarquable de l'hygiène et de la thérapeutique, il y en a peu qui s'imposent autant aux médecins étudiant la pathologie coloniale ou intertropicale.

Ce *Traité de la dysentérie* est un véritable compendium où l'on retrouve tout ce que peut fournir de renseignements la littérature médicale ancienne ou contemporaine, française ou étrangère. Delioux de Savignac s'y est montré ce qu'il est toujours, érudit de bon aloi, éclectique éclairé, praticien prudent et expérimenté, écrivain facile au style châtié. Ces qualités, qui se retrouvent dans la partie nosologique ou descriptive, sont surtout remarquables dans la partie consacrée à la thérapeutique, qu'il s'agisse de la matière médicale ou de l'hygiène.

On y trouve notamment une revue critique de chacun des agents de la matière médicale, qui donne avec clarté et précision les indications que peuvent remplir chacun de ces agents.

On y remarque surtout le chapitre consacré à l'emploi de l'ipécacuanha, la description détaillée de ce qu'on appelle la méthode brésilienne. Les chapitres consacrés aux purgatifs contiennent de bonnes remarques sur le choix des purgatifs doux, l'opportunité de leur administration.

Il en est de même des réserves que l'on doit observer dans l'administration de l'opium.

L'histoire de l'application de l'eau albumineuse entrevue par Payen en 1830 et établie par Bodin de la Pichonnerie en 1835 y est également intéressante.

On trouvera encore de bonnes indications pour la dysentérie chronique, sur l'emploi de la noix vomique préconisée par Haytrom, sur la cure de raisin, les toniques, les astringents et surtout sur les lavements iodés préconisés tout particulièrement par l'auteur.

La partie hygiénique est peut-être moins fermement traitée; on regrette que le régime n'ait pas été plus formellement prescrit et qu'ayant usé souvent de la diète lactée, il n'ait pas insisté sur toute la valeur que lui avaient donnée les expériences de Dalmas, de Sydenham, de Pringle, et dont tirent aujourd'hui un si bon parti les médecins de Rochefort, de Brest et de Toulon, dans la dysentérie chronique.

Du reste, le meilleur éloge qu'on puisse faire, c'est que ce traité, très-estimé, est devenu classique.

Après vingt ans de professorat, Delioux de Savignac, qui avait toujours rêvé de venir se fixer à Paris, demanda sa mise à la retraite le 18 septembre 1866 après trente-huit ans de service effectif, dont neuf à la mer.

Cette troisième période de l'existence de Delioux de Savignac, vous appartient tout à fait. C'est aux travaux de la Société de thérapeutique que ses dix dernières années ont été consacrées.

Vous vous rappelez que, dès notre première année d'existence, il vint lire un mémoire sur l'emploi des sels de fer comme contre-poison du cyanure et particulièrement du cyanure de potassium (1867), puis un autre mémoire sur le furoncle dans ses relations avec l'herpétisme et son traitement par l'arsenic (23 avril 1874).

Vous vous rappelez surtout une étude critique remarquable qu'il vint lire il y a deux ans sur le laudanum de Sydenham.

Il reprochait à la formule de Sydenham l'emploi de l'opium brut, et l'addition de la cannelle et d'un girofle. En effet, la cannelle et le girofle contiennent du tannin qui précipite une partie des alcaloïdes de l'opium.

Il proposait également de remplacer l'opium brut par un extrait d'opium titré.

Cette critique consistait en somme à remplacer le laudanum de Sydenham par une teinture d'opium titrée. Il y avait, en effet, du bon dans ces critiques, mais cette réforme tendait à faire disparaître un médicament qui a tant de fois fait ses preuves, que, malgré ses imperfections au point de vue pharmacologique, on n'a pas osé abandonner un serviteur si fidèle.

Enfin le dernier travail de Delioux de Savignac, dont vous avez souvent eu la primeur, a consisté à écrire, pour le *Dictionnaire encyclopédique des sciences médicales*, quatre-vingts articles dont on trouvera plus loin la nomenclature.

C'est ce travail colossal qui a épuisé les forces de notre cher collègue et a ravivé une maladie organique du cœur contractée il y a seize ans au port de Cherbourg.

C'est cette affection qui, aggravée par des fatigues trop fortes pour sa constitution, l'a emporté le 17 octobre dernier.

Delioux de Savignac avait été apprécié dans la marine comme il l'a été plus tard parmi nous. Nommé chevalier de la Légion d'honneur le 19 décembre 1847, il avait été promu au grade d'officier le 14 août 1858.

Plusieurs sociétés savantes l'avaient admis au nombre de leurs membres : par exemple, la Société de médecine de Paris, celles de Caen, Nîmes, Cherbourg, Bayeux, Poitiers, Amiens, Bruxelles, etc.

L'Académie de médecine de Belgique l'avait nommé membre correspondant, et deux fois l'Académie de médecine de Paris l'avait inscrit honorablement sur sa liste de présentation des candidats à la section de thérapeutique.

Delioux de Savignac était un de nos plus laborieux collègues ; il prenait part à toutes nos discussions, y apportait le fruit de sa grande expérience et de sa vaste érudition. Attentif aux progrès de la thérapeutique, il abordait avec ardeur les problèmes nouveaux, et, n'ayant rien perdu de son amour pour la science, il est mort au milieu de ses travaux, laissant inachevés de nouveaux articles qu'il préparait pour le *Dictionnaire encyclopédique*.

Ses anciens confrères de Paris honoreront, comme ses anciens collègues de la marine, cet infatigable travailleur, et la Société de thérapeutique conservera précieusement le souvenir de celui qui fut l'un de ses membres les plus actifs et l'un de ses présidents les plus dévoués.

# TRAVAUX DU DOCTEUR DELIOUX DE SAVIGNAC

1846. Discours prononcé à l'Ecole navale de Rochefort pour l'ouverture du cours de matière médicale, 24 novembre 1846.

1850. Des propriétés fébrifuges et antipériodiques du chloroforme. (*Académie de médecine, 26 mars 1850.*)

1851. Considérations chimiques, physiologiques et thérapeutiques sur les sels d'argent (*Académie des sciences,* 18 novembre et 2 décembre 1850.)

1851. Considérations générales sur l'action physiologique des acides végétaux. (*Gazette médicale.*)

1851. De l'emploi du tartrate de soude comme purgatif. (*Académie de médecine.*)

1851. Mémoire sur l'ipéca. (*Académie de médecine,* 3 juin.)

1851. Examen critique de la médication émolliente et des remèdes béchiques et pectoraux. (*Académie de médecine.*)

1851. Etudes physiologiques et thérapeutiques des ammoniacaux. (*Archives de médecine* )

1852. Traitement de l'aphonie par l'éther. (*Académie de médecine,* 18 mai.)

1853. De l'emploi des fumigations éthérées contre certaines formes de paracousie et d'otalgie. (*Bulletin de thérapeutique.*)

1853. De l'emploi du tannate de quinine contre les sueurs nocturnes. (*Union médicale.*)

1853. De l'emploi du citrate et de l'acétate de soude comme purgatif. (*Bulletin de thérapeutique.*)

1853. Considérations générales sur la famille des solanées. (*Revue de thérapeutique médico-chirurgicale.*)

1853. Etude sur l'emploi des injections iodées dans le traitement de la dysentérie. (*Académie des sciences* et *Académie de médecine.*)

1853. De l'étiologie des maladies périodiques. (*Bulletin de thérapeutique.*)

1853. Examen comparé des propriétés fébrifuges du quinquina et de l'arsenic. (*Bulletin de thérapeutique.*)

1854. Essai sur quelques succédanés antipériodiques de quinquina. (*Bulletin de thérapeutique.*)

1854. De l'emploi des serre-plates pour arrêter les hémorrhagies et en particulier les piqûres de sangsues. (*Gazette médicale.*)

1854. Des maladies aiguës des articulations avec production de pus simulant le rhumatisme (*Union médicale.*)

1854. De l'emploi de la belladone par les méthodes endermique et iatraleptique. (*Bulletin de thérapeutique.*)

1855. De l'action de la gomme ammoniaque et de son mode d'administration. (*Bulletin de thérapeutique.*)

1855. Du traitement abortif des pustules varioliques. (*Bulletin de thérapeutique.*)

1855. De l'iode dans le traitement du rhumatisme et de la goutte, des crampes et des contractures. (*Bulletin de thérapeutique.*)

1855. De l'incompatibilité du calomel et des émulsions d'amandes. (*Bulletin de thérapeutique.*)

1855. Des relations qui existent entre les maladies herpétiques et catarrhales. (*Gazette médicale.*)

1856. Du bittera, nouveau médicament fébrifuge, proposé aux Antilles françaises, comme succédané du quinquina. (*Bulletin de thérapeutique.*)

1857. Considérations générales sur les succédanés du quinquina. (*Bulletin de thérapeutique.*)

1858. Note sur un cas d'aliénation mentale dans le cours du rhumatisme articulaire aigu. (*Archives de médecine*, juin.)

1857. De l'influence de l'opium et des huiles essentielles sur l'action des antimoniaux. (*Bulletin de thérapeutique.*)

1857. Des accidents consécutifs de l'application des sels de plomb sur la muqueuse buccale. (*Bulletin de thérapeutique.*)

1857. Note sur des accidents nerveux dans une pneumonie déterminée par des abcès cérébraux. (*Gazette médicale.*)

1857. De la spedalsked et de la rodasyge, maladies endémiques dans le nord de l'Europe, et considérations générales sur la lèpre. (*Archives de médecine.*)

1859. Des congestions pulmonaires, de leur diagnostic et de leur traitement. (*Bulletin de thérapeutique.*)

1860. Essais sur les instillations d'éther dans les surdités liées à un état rhumatismal. (*Bulletin de thérapeutique*).

1861. Principes de la doctrine et de la méthode en médecine. Introduction à l'étude de la pathologie et de la thérapeutique. Vol. de 834 pages, V. Masson.

1863. Traité de la dysentérie. ( V. Masson, 600 p.)

Mémoire présenté à la Société de thérapeutique.

1867. De l'emploi des sels de fer comme contre-poison des cyanures et particulièrement du cyanure de potassium.

1873, 23 avril. Le furoncle, ses relations avec l'herpétisme et son traitement par l'arsenic.

1874. Nouveau laudanum proposé en remplacement du laudanum de Sydenham.

## ARTICLES DU *DICTIONNAIRE ENCYCLOPÉDIQUE DES SCIENCES MÉDICALES*

ALUMINIUM. t. III, p. 434, 1865.

AMIDON, t. III, p. 659, 1865.

AMMONIAQUE, t. III, p. 679, 1865.

ANIS, t. V, p. 174, 1866.

ANTIMOINE, t. V, p. 357. 1866.

ARCHANGÉLIQUE, t. VI, p. 23, 1867.

ARMOISE, t. VI, p. 139, 1867.

ARSENIC, t. VI, p. 179, 1867.

BENOITE, t. IX, p. 85, 1868.

BETEL, t. IX, p. 199, 1868.

BÉTOINE, t IX, p. 207, 1868.

BISTORTE, t. IX, p. 542, 1868.

BORAX, t. X, p. 77, 1869.

BORIQUE (Acide), t, X p. 97, 1869.

BOUILLON BLANC, t. X, p. 306, 1879.

BOURRACHE, t. X, p. 367, 1869.

BUGLOSE, t. XI, p. 292, 1870.

BUGRANE, t XI, p. 294, 1870.

BUSSEROLE, t. XI, 331, 1870.

CACHOU, t. XI, p. 400, 1870.

CAINÇA, t. XI. p. 563, 1870.

CAJEPUT, t. XI, p. 569, 1870.

CAMPHRE, t. XII, p. 95. 1871.

CANNELLE, t. XII, p. 164, 1871.

CENTAURÉE, t. XIII, p. 788, 1873.

CEVADILLE, t. XIV, p. 608, 1873.

CHANVRE, t. XV, p. 400, 1874.

CHARDON, t. XV, p. 453, 1874.